Tezer Özlü (Simav/Ku[illegible] Zürih, 18 Şubat 1986) Anne ve babasının memuriyetleri nedeniyle çocukluğu Simav, Ödemiş ve Gerede'de geçti. İstanbul'a geldikten sonra Taksim 29 Ekim İlkokulu'nu bitirdi. Avusturya Kız Lisesi'ndeki eğitimini tamamlamadan Ankara'ya yerleşti (1963), ancak daha sonra babasının isteğiyle dışarıdan sınavlara girerek İstanbul Erkek Lisesi'ni bitirdi (1965). Özel firmalarda, devlet kurumlarında çevirmenlik yaptı. 1981'de sanatçı bursuyla Berlin'e gitti. 1983'te İstanbul'a döndüyse de buradaki koşullara dayanamayarak Mart 1984'te Zürih'e yerleşti, iki yıl sonra göğüs kanserinden yaşamını yitirdi. Cenazesi İstanbul'a getirilerek 25 Şubat 1986'da Aşiyan'da toprağa verildi.
İlk öyküsü "Fortuna"yı 1963'te Celâl Sılay'ın çıkardığı *Yeni İnsan* dergisinde yayımladı. Tezer Sümer, Tuncay Gökmen, Tezer Özlü Kıral imzalarını da kullandı. *Yaşamın Ucuna Yolculuk* kitabını 1982'de *Auf der Spur eines Selbstmords* (Bir İntiharın İzinde) adıyla önce Almanca yayımladı ve 1983 Marburg Edebiyat Ödülü'nü aldı.
Kitaplarının çoğu ölümünden sonra kardeşi Sezer Duru ve Ferit Edgü tarafından yayına hazırlandı. Ardından yazılanlar, yaşamöyküsü ve fotoğrafları *Tezer Özlü'ye Armağan* adlı kitapta derlendi. *Çocukluğun Soğuk Geceleri* 1985'te Almanya'da, 1987'de Hollanda'da, 1990'da Yunanistan'da, 2011'de Fransa'da basıldı. 1978'de çıkan ilk kitabı *Eski Bahçe*'nin 40. yıl özel baskısı 2018'de yapıldı.

Yapıtları:
Öykü: *Eski Bahçe* (1978), *Eski Bahçe – Eski Sevgi* (1987).
Roman: *Çocukluğun Soğuk Geceleri* (1980).
Anlatı: *Yaşamın Ucuna Yolculuk* (1984).
Düzyazı: *Kalanlar* (1990), *Yeryüzüne Dayanabilmek İçin* (2014).
Senaryo: *Zaman Dışı Yaşam* (1998).
Mektup: *Tezer Özlü'den Leylâ Erbil'e Mektuplar* (haz. L. Erbil, 1995), *Her Şeyin Sonundayım: Ferit Edgü'ye Mektuplar* (haz. F. Edgü, 2010).
Çeviri: I. Bergman'dan *Yaban Çilekleri* (1965) ve *Aynadaki Gibi* (1967), H. Böll'den *Fotoğrafta Kadın da Var* (1971), O. Piatnizki'den *Bir Bolşeviğin Anıları* (1978).

Sezer Duru 1942 yılında doğdu. 1962 yılında Avusturya Lisesi'nden mezun oldu. İstanbul Üniversitesi'nde dört sömestr sosyoloji okudu. Daha sonra Orhan Duru ile evlenerek gittiği Ankara'da Dil Tarih ve Coğrafya Fakültesi Alman Dili ve Edebiyatı Bölümü'nü bitirdi. İstanbul'da bir süre Goethe Enstitüsü'nde çalıştı. 25 yıl kadar da Alman televizyon kanalları ZDF ve ARD'de muhabirlik yaptı. Max Frisch, Heinrich Böll, Sigfried Lenz, Jerzy Stefan Stawinsky, H.M. Enzensberger, Bertolt Brecht, Gustav Meyrink, Peter Handke, Edgar Hilsenrath, Dieter Glattauer, Thomas Bernard, Tezer Özlü gibi yazarlardan Türkçeye, Ferit Edgü, Demir Özlü, Adalet Ağaoğlu, Başar Sabuncu gibi yazarlardan Almancaya roman ve oyunlar çevirdi. Orhan Duru ile birlikte *Dünya Batıyor mu?*, *O Pera'daki Hayalet* adlı kitapları kaleme aldı. Ayrıca kız kardeşi Tezer Özlü için *Tezer Özlü'ye Armağan* adlı kitabı hazırladı. Sezer Duru Alman Liyakat nişanı, Abdi İpekçi Barış Ödülü, Uluslararası Yazar ve Çevirmenler Merkez/Rodos ve Frankfurt Edebiyat Evi 2007 Ödülü ve 2008 Dünya Kitap Yılın En İyi Çeviri Kitabı Ödülü'nün sahibidir.

Tezer Özlü'nün
YKY'deki kitapları:

Eski Bahçe – Eski Sevgi *(öykü, 1993)*
Yaşamın Ucuna Yolculuk *(anlatı, 1993)*
Çocukluğun Soğuk Geceleri *(roman, 1994)*
Kalanlar *(notlar, günlükler, anlatılar 1995)*
Tezer Özlü'den Leylâ Erbil'e Mektuplar *(haz. Leylâ Erbil, 1995)*
Zaman Dışı Yaşam *(senaryo, 1998)*
Yeryüzüne Dayanabilmek İçin *(yazılar, 2014)*
Eski Bahçe *(40. yıl özel baskısı, 2018)*

Tezer Özlü'ye Armağan *(haz. Sezer Duru, 1997)*

TEZER ÖZLÜ

Zaman Dışı Yaşam

Tezer Özlü'nün yapıtlarına dayanılarak
Tezer Özlü tarafından yazılmıştır.

Senaryo

Almanca aslından çeviren
Sezer Duru

YAPI KREDİ YAYINLARI

Yapı Kredi Yayınları - 998
Edebiyat - 260

Zaman Dışı Yaşam / Tezer Özlü
Özgün adı: Das Zeitlose Leben
Almanca aslından çeviren: Sezer Duru

Kapak tasarımı: Nahide Dikel

Baskı: Bilnet Matbaacılık ve Yayıncılık A.Ş.
Dudullu Organize San. Bölgesi 1. Cad. No: 16 Ümraniye-İstanbul
Tel: 444 44 03 • Fax: (0216) 365 99 07-08 • www.bilnet.net.tr
Sertifika No: 31345

1. baskı: İstanbul, Nisan 1998
15. baskı: İstanbul, Mart 2018
ISBN 978-975-363-889-2

Yapı Kredi Kültür Sanat Yayıncılık Ticaret ve Sanayi A.Ş.
İstiklal Caddesi No: 161 Beyoğlu 34433 İstanbul
Telefon: (0212) 252 47 00 Faks: (0212) 293 07 23
http://www.ykykultur.com.tr
e-posta: ykykultur@ykykultur.com.tr
İnternet satış adresi: http://alisveris.yapikredi.com.tr

Yapı Kredi Kültür Sanat Yayıncılık
PEN International Publishers Circle üyesidir.

ZAMAN DIŞI YAŞAM

1. Gölcük/1949 (Sayfiye)

Elma bahçesi. Elma ağaçları. Yaz rüzgarı esmektedir. Baba, erkek kardeş ve çocuk büyükanneyi ararlar. Çocuk (beş yaşında bir kız) ağaçların arasında dolaşır. Kelebek örnek alınılarak dikilmiş bir giysi içindedir. Rüzgâr dalları kıpırdatır, yaprakları da. Bunun dışında sessizlik. Çocuğun ardından hep beyaz bir köpek koşar. Köpek kızı hep izler.

Yolunu şaşıran çocuk büyükanneyi ufak, derin olmayan bir çukurda bulur. O orada diz çökmüştür. Yalnız kafası dışarda kalmıştır. Yüzü çok zayıftır. İnce yemenisi yaz rüzgârında iyice uzamış otlar arasında uçuşur. Gözlüklüdür. Yüzünde, çocuğu gördüğüne dair en ufak bir hareket olmaz. Çocuğa bakmaktadır, ama onu görmez. Çocuk bir yandan onu çukurun içinde böyle hareketsiz görmekten ürker, öte yandan da evden kaçmış olan büyükanneyi bulmuş olmaktan sevinç duyar.

Çocuk: Neden çukura saklandın?

Büyükanne döner. Kolunu uzatır. Yaylayı saran yüksek dağların tepelerini gösterir.

Büyükanne: Kaybolacağım. Orada...bu tepelerin ardında.

Çok uzakta, tepelerin önünden bir trenin geçtiği görülür. Tren bir çizgi gibidir. Gene de durgun doğanın içinde bir hareket oluşturur, çünkü doğada yalnızca rüzgâr ve rüzgârın hareket ettirdiği bitkiler vardır.

Çocuk özlemle trene bakar.

2.

Tren kalkar. Kadın trende oturmaktadır. Yorgundur, ama uyanık. Trendedir, ama hiçbir yerdedir. Aynı zamanda da heryerde. Trenin penceresinden dış dünyanın değişen biçimleri görülür.

(Dış ses): Tepelerin ardında kaybolmanın ne anlama geldiğini anlamadım. Birlikte eve dönüp dönmediğimizi ansımıyorum. Oysa ölümünü çok iyi hatırlıyorum. Annem onun ölümünü benden saklamıştı. Derin, karanlık bir geceydi. Sıradışı karanlık bir gece.

3.

Büyük, eski yapı bir evin odası. Bir yığın kadın oturuyor. Büyükannenin öldüğü gün. Evin içinde ölüm havası esiyor. Kimse ağlamıyor. Kimse bağırmıyor. Sonsuz bir sessizlik. Anne çocuğa yaklaşıyor.

Anne: Şimdi gidip uyu.

Çocuk yalnız gitmeye korkuyor.

Ama bunu dile getiremiyor. Odadan çıkıyor. Tüm kapıların açıldığı büyük sofada öylece duruyor.

Dışarı çıkar çıkmaz gene aynı kapıya koşuyor. Annesinin ağladığını duyuyor. O oda dışında kocaman evin diğer bölümleri ısıtılmış değil. Üşüyor. Önce yatağının altına bakıyor, orada kimsenin saklanmadığından emin olmak istiyor. Sonra boş yatağa bakıyor. (Büyükannenin boş yatağı) Hemen şiltenin altına giriyor. Yüzünü de örtüyor. Kamera duvarları tarıyor. Yelkovansız bir saat. Gene de işliyor. Sessiz gecede saatin tik takları duyuluyor.

4.

Trendeki kadın. Saatine bakıyor.

(Dış ses) Kadın: Uzun süre ölüm döşeğindeydi. O yavaşça ölürken ben yavaşça büyüyordum.

Kadın gözlerini kapatır.

5.

Düş.

Kadın ardında bir kapıyı kapatır. Girdiği mekan kapkaranlıktır. Hemen ardından binlerce mumun yandığını görür. Mum ışıkları çok küçüktür. Birden bir fare sıçrar. Sonra bir yığın fare. Bağırır. Düşünde çocuk haliyle büyükannenin yatağına girer.

Büyükanne yuvarlak gözlüklerini takmıştır. İki gözünden yaşlar akar.

Çocuk: Ağlıyor musun büyükanne?

Büyükanne: Hayır, gözlerim akıyor.

Çocuk: Gözyaşlarına çok alışık olduklarından.

Tren bir yerde durur.

Kadın gözlerini açar.

Dört tekerlekli bavulunu alır.

Bavulu ardından sürükler. İnsanlar ona bakarlar. Dünyada tek canlı oymuş gibi kalabalığın arasından geçer. İlk bulduğu taksiye biner.

Kadın, taksi şöförüne: Beni en yakındaki iyi bir otele götürün.

6.

Otel odası. Bavulunu bir kenara fırlatır. Sevgilisine telefon eder.

Kadın: Rainer, seninle kahve içebilmek için 1600 kilometre yol yaptım şimdi.

Susar. Rainer'in karşı çıkmayacağını umar.

Aynada kendisine bakar, ayna hemen telefonun arkasındadır. Kendi gözlerine gülümser. Gözleri de aynadan ona gülümser.

Telefondaki kadın: Birşey söylemiyorsun ha? Yarın gidiyorsun demek? İyi. Öğleden sonra, tamam geç öğleden sonra tekrar ararım.

Radyonun düğmesini çevirir. Müzik. Gövdesinden giysilerini çıkartıp fırlatır, onları yere atar. Bir saniye perdeleri açar. Bir gökdelendedir. Aşağıda büyük bir kentin yoğun ışıkları görülür. Herhangi bir kentin. Perdeleri hemen gene kapar. Duşa girer. Duvara yaslanır. Suyun istediği gibi gövdesinden akmasına izin verir. Odaya geri döner, kurulanmadan yatağa uzanır.

7.

Kırmızı bir otomobil hızla doğanın içinde yol alır. Kadını görürüz. 40 yaşlarındadır. Rainer ise 20. Arabayı kullanır. Sessizdir. Rahatça oturmaktadır direksiyonda. Sanki taştan gibi. Kadın sinirlidir. Radyoyu karıştırır, ya da teyple oynar. Bir saniye klasik müzik çalar, sonra herhangi bir dilde haberleri dinler. Sonra popüler bir şarkıyı çalar "Felicita, felicita". Sonra sigara içer. Sonra tıpkı onun gibi sessiz durmayı dener.

Araba mısır tarlalarından geçer. Buğday tarlalarından. Çok hızlı gider. Rainer yalnızca yola bakar.

Rainer: Kemerini bağla.

Kadın: Bu genel emir dışında bana söyleyecek birşeyin yok mu?

Kendi kendine sinirli bir hareket yapar. Elleriyle. Giderler, giderler, giderler.

Kadın: Gel, geceyi bir otelde geçirelim.

Rainer cevap vermez. Gecenin içine doğru araba sürer. Sanki kendi içine doğru yol almaktadır. Yirmi yaşını geride bırakmak ister gibi. Kadın elini onun baldırına koyar. Elini alır ve kadının baldırına geri koyar. Onu bir otelin önünde durdurmak için yaptığı herşey boşunadır. Rainer durmaksızın arabayı sürer. Kadın çaresizdir. Onun kendisini çok sevdiğini bilmektedir. Belki de Rainer artık kadının sevgisini taşıyamamaktadır. Onu unutmak istemektedir. Ama kadın bunu anlamaz, anlamak da istememektedir. Çünkü Rainer karşı konulamaz biridir. Bunun farkındadır. Rainer de bilir bunu. Ondaki bu değişiklik kadın için anlaşılmazdır.

Bütün gün E-5'te yol alır. Gece, sabaha karşı 3'te gökdelenlerin önünde büyük bir sokak lambasının önünde durur, arkasına dayanır.

Rainer: Şimdi burada uyuyacağım.

Kadın: Ben ne burda ne de şimdi uyuyabilirim. Bu giysimi çıkarmalıyım. Dün sabahtan beri bu giysi içindeyim. Tenime geri dönebilmeliyim.

Erkek arkasına dayanır. Kadın ona doğru uzanır. Onu öpmek ister. Erkek onu iter.

Kadın: Neyin var senin?

Kadın sinirlidir.

Kadın: Giysimi yırtmamı mı istiyorsun? Tenimi – saçlarımı? Gözlerimi mi oyayım? Tenimi bulmalıyım yeniden. Anlamıyor musun?

Rainer: Bırak da uyuyayım. Yarın gene yola devam edeceğim.

Kadın: Kalk. Çantamı ver.

Rainer: Gidiyor musun?

Kadın: Gidiyorum.

Kalkar. Yavaş ve ağır biçimde.

Bagajın önünde ona dört tekerlekli bavulunu verir. Kadın bavulun fermuarını açar. Caddenin ortasında giysisini çıkartır. Etraf karanlıktır, bir tek sokak lambalarının ışığı aydınlık verir. Jeans ve bir bluz giyer. Ona birşey verir.

Kadın: Al bunlar senin jeanslerin. Şimdi bana kitabı geri ver.

Rainer ona kitabı verir.

Kadının davranışları sinirlidir. Canlıdır. Enerji doludur. Yorgunluktan kaynaklanan bir enerji. Rainer arabaya geri döner. Koltuğunda arkaya doğru yaslanır. Kadın yalnız kalır.

8.

Gece. E-5. Başka arabalar da gecenin içinde hızla geçerler. Çevresine bakar. Büyük büyük yüksek binalar. Bir yön arar kendine. Aslında hiçbir yöne ilgi duymadığı halde. Şimdi o da sessizdir, yalnız, terkedilmiş. Yabancı bir kentin yabancı gecesinde, bir banliyöde.

Blues çalınır. Otoyola çıkmanın bir yolunu arar. Otoyola çıkar. Hangi yöne gideceğini düşünür. Otoyolun kenarında durur. İstediği arabayı durdurabilir.

Ama kararsız öylece durur orada. Müzik hızlanır. Yüzünü görürüz. Nerdeyse duygusuzdur yüzü. Sadece bir dişi ağrımaktadır. Gene bavulunu ardından sürükler. Arabaya geri döner. Cama eğilir. İçeriye bakar. Rainer uyumaktadır. Cama vurur. Ona bir işaret yapar, kapıyı açması için. Açar. İçeriye onun yanına oturur. Onu okşar. Öper. Rainer uyur. Kendisi oturup sigara içer.

Saat 5'e doğru caddenin tüm ışıkları söner. Gün ağarmaktadır. Sigara içer. Ara sıra arabadan dışarıya çıkar. Arabanın yanında yürür. Gitmeyi düşünür. Sonra gene onun yanına oturur. O uyur. Ona sevgiyle bakar. Okşamak ister. Vazgeçer. Sonra onu gene uyandırır. Güneş yükselmiştir.

Kadın: Bavulumu ver gene bana.

Rainer: Gerçekten gidiyor musun?

Kadın: Evet.

Gene otoyola çıkar.

9.

Bu kez otoyol daha doludur. Bir yığın işçi de işine gitmektedir. Caddeye çıkar, sanki hiçbir yerdedir. Bir taksi durdurur. Biner.

Kadın: Otogara.

Dilini bilmediği bir ülkededir. Yugoslavya'da. Şöför onu otogarda bırakır. Otogara gelmesinin ne kadar sürdüğünün farkında değildir. Niş otogarı. Bir yığın otobüs. Bir yığın yolcu. Köylüler. Küçük burjuvalar. Öylece durur. Her insana yabancıdır. Her nesneye yabancıdır. Kendisine bile. Tek başına bir yere gitmeye gücü yoktur. Herhangi birşeye dayanmayı dener. Ona daha az yabancı olan herhangi bir şeye. Bu kahredici yabancı dış dünyadan daha az yabancı olan birşeye. Gene de onun otomobilidir bu yer. Onun otomobili, bu kentin herhangi bir yerinde, herhangi yüksek binaların önünde bir yerde durmaktadır. Yeniden bir taksiye biner.

10.

Kadın takside oturmaktadır. Heyecanlıdır. Arabanın park ettiği o yeri bulamama korkusu taşır. Şöföre geri gitmesini söylemeyi dener. Otogardan gerisin geriye. Dümdüz geriye. Bunun dışında birşey söyleyemez. Dışardaki yüksek binaları tanımayı dener. Heryer yüksek bina doludur. Bu yüksek binaların hepsi birbirine benzer. Ufak bir panik yaşar. Çok ileriye gittiğini sanar. Sonunda:

Kadın: Volwo

der.

Şöföre bir Volwo tamirhanesi gördüğü yere gitmesini anlatmaya çalışır. Şöför telsizle konuşur ve Volwo tamirhanesinin nerede olduğunu öğrenir. Onu oraya götürür. Bir an arabanın durduğu yeri bulduğunu umarak sevinir. Ama araba gitmiştir.

11.

Kadın bir otel odasına girer. Kapıyı örter. Yeni, güzel, iki yataklı bir odadır. Bavulunu bırakır. Diş ve aşk ağrısı çekmektedir. Kendisini çok yalnız ve terkedilmiş hisseder. Aşk acısı içinde bir ceset gibidir. Ama kendini bu durumdan kurtarmak ister, çünkü kendisini sevmediği sürece aslında âşık olamayacağını bilir. Önce pencereye gider. Doğa sessiz ve çoraktır. Tıpkı kendisinin iç dünyası gibi. Otomobiller E-5'ten hızla geçerler. Her saniye Rainer'in arabasını görmeyi bekler gibidir. Dışarıya bakar.

Dış ses (Pavese): Tüm ince duyguların, tüm bağlılıkları, kendini verme isteğini bir tutukevinde gibi ağır bir yük gibi yüreğinde hapsetmek zorunda bırakılmıştı."

Kepenkleri indirir. Perdeleri de çeker. Işığı yakar. Gün ışığına dayanamaz. Bavulunu açar. Yalnızca kağıt ve kalemlerini çıkartır. Bir ağrı kesici içer. Küçük masanın başına oturur. Karşısında gene bir ayna asılıdır. Ona bakar. Aynada Rainer'in yüzünü görür. Yazar. Sonra yatağa uzanır. Öteki boş yatağa bakar. Toplanmış bir yatak. Boş ve bozulmamış. Sessizlik. Bir tek otomobillerin geçisi duyuluyor. Rainer'in öteki yatakta nefes alışını duyar sanki. Öteki yatağa geçer.

12.

Hayal.

Rainer öteki yatakta yatmaktadır. Çıplaktır. Gövdesi yaştır. Duş yapmıştır. Tıpkı otomobilde olduğu gibi sert ve duygusuzdur. Onu dudaklarından öper. Rainer artık ona karşı koymaz. Ama birşey de yapmaz. Sanki bir ceset gibi orada yatmakta ve sevilmesine izin vermektedir.

Kadın: Bırak da o genç tenini bir kez daha seveyim. O çok sevdiğim tenini.

Rainer cevap vermez.

Organını ağzına alır.

Rainer yüzünü yastıkla örtmüştür. Orgazm oluncaya kadar onu öper. Sonra kendi yatağına döner. Yatar.

....

13.

Kadın yatakta yalnızdır. Kalkar. Perdeleri açar. Kepenkleri yukarıya çeker. Dekolte bir giysi giyer. Defterlerini alır. Aşağıya otelin teras kahvesine iner.

14.

Gölgeye oturur. Sonra kalkar. Güneşe oturur. Önünde kahvenin duvarındaki çiçekler durmaktadır. Sigara içer. Buğday tarlalarına doğru bakar.

15.

Buğday tarlalarında ekin kaldırılmıştır. Bir gurup genç "Kızıl Bayrak"ı tutmakta ve şarkı söylemektedir. O yazar. Artık dış dünyadan kopmuş iç dünyasına kapanmıştır.
Garson önünde durmaktadır. Ona bakmadan.

Kadın: Kahve lütfen.

Garson geri geldiğinde bir de konyak getirmiştir. Başını kaldırıp garsona bakar, içkinin nereden geldiğini öğrenmek istemektedir. Masaların birinde bir erkek grubu oturmaktadır. Ona bakarlar. Gülümserler. Konyağı kendilerinin ısmarladığını ima ederler. Birkaç adam. Sabah içkilerini yudumluyorlar canlı biçimde. Yakında bir yerde çalışan erkekler. Onlara bakar. Erkekler onun şerefine kadeh kaldırırlar. O ise aşk acısını duyar yalnızca. Aslında ağlamak ister. Ama erkeklere gülümser. Bu kahrolası dünyada gene de tümden yalnız olmadığı duygusu geçer içinden. O da masasında onların şerefine içer. Güneşin altındaki öteki beyaz masaların tümü boştur. Bir çift geçer önünden. Restauranta. Sonra adamlar masasına gelirler. Gürültücüdürler.

16.

Erkekler gurubu onun çevresinde oturur. Bir içki siparişi daha verirler.

Bir erkek: Müthiş bir kadın, değil mi?

Kadın hiçbir şey söylemez. Acısı içinde gülümser. Biri dizini okşar. İçki içerler. Güler ve eğlenirler.

Bir başka erkek: Karım beni terketti.

İçer.

Kadın: Her ayrılış ve her karşılaşma için.

İçer.

Erkekler ona duydukları hayranlık içinde veda ederler. O gene kendi içine geri döner. Yazmaya dalar.

17.

Geç öğleden sonra.

İş saati bittikten sonra erkekler grubu geri döner. O hala aynı masada oturmaktadır. Kâğıtlarının içine dalmıştır. Erkeklerden biri, aşağı yukarı 35 yaşlarında, ötekilere kıyasla daha akıllı görüneni, davranışları da daha yumuşak olanı sorar.

Erkek: Ne yazıyorsun burada bütün gün. Sen Oriana Fallaci misin?

Hafifçe gülümser.

Erkek: Gel. Artık ara ver. Şimdi sevişme zamanı.

Yazmayı keser. Erkek onu elinden tutar. O da. Kâğıtlarını alır. Birlikte yukarıya odasına çıkarlar.

18.

Kâğıtlarını aynanın önündeki masaya koyar. Hiçbir şey söylemeden soyunur. Sevişirler. Aslında aşk acısı içinde hüzünlüdür.

Ama böylece Rainer'in aşkına, kendi aşk acısına karşı savaşacağını umar. İkinci boş yatağa bakar.

19.

Erkekle kadın aynı terasta otururlar. Önlerinde gökyüzünde yavaş yavaş güneş batmaktadır.

Erkek: Benim adım Zoran. Güneşin doğuşu demek.

Kadın batmakta olan güneşe bakar.

Dış ses (Pavese): Yaşanacak bir yaşam vardır. Binilecek bisikletler var. Yürünecek yaya kaldırımları ve tadına varılacak güneş batışları vardır.

20.

Kadın Yugoslav kenti Niş'te.

Tekerlekli bavulunu ardından sürüklüyor. Tanımadığı bir kentte dolaşıyor. Dişi ağrıyor. İlk aradığı şey bir eczane. Heryerde insanlar hareket halinde. Sokaklar dolu. Sanki dünyadan geçen tek kişi kendisiymiş gibi davranıyor. Bir rastlantı ile bir eczane görüyor. Önünde ufak bir kuyruk var. Kuyruğa girer. Antibiyotik ve ağrı dindirici ilaç alır. Bir otele girer. Otelin lobisi insan doludur. Hemen geri çıkar. Bir kahve arar. Sonra herhangi birine girer. İçmek için birşey ısmarlar. Hemen iki antibiyotik ve bir ağrı kesici içer. Bir uçak tarifesini inceler.

O uçuş tarifesini incelerken biz Avrupa'nın çeşitli, tıklım tıklım dolu havaalanlarını görürüz. Dünyanın tüm ülkelerinden gelen yolcularla dolu. Her dilde anonslar duyarız. İngilizce. Fransızca. Almanca. İtalyanca, Roma-New York, Belgrad, Zürich, Leningrad, Zagreb, İstanbul, Berlin, Atina gibi kent isimleri işitilir, iniş anonsları, uçak şirketlerinin adları. Havaalanlarının ve zamanımızdaki hareketliliğin ve yolculukların karmaşası.

21.

Kadın kahvede oturuyor. Limonatasını içip bitirir. Kahve basit bir kahvedir. Tito'nun resmi asılıdır. Öteki masaların birinde bir çift oturmaktadır. Kadın uçuş planına bakar. Bu kez Rainer'in arabasıyla geçtiğini görür. Rainer tek başına herhangi bir ülkenin herhangi bir caddesinden hızla geçmektedir.

22.

Kalkar. Çantasını alır. Gene sokağa çıkar.

23.

Kadın merdivenleri çıkar. Ardında hep çantasını sürüklemektedir. Modern bir binanın ikinci katında bir lokanta. Oraya girer. Lokanta insan dolu. Daha çok gençler. Berbat bir yer. Ayrıca sigara dumanı dolu. Kendini iyi hissetmez. Gene de bir masaya oturur.

Şimdi kentin merkezindeki bu binanın ikinci katında oturmaktadır. Aşağıdaki alana bakar. Alanda karmaşa hakimdir. Yayalar. Alış veriş çantalı insanlar. Tramvay. Arabalar. Otobüsler. Garson yemeğini getirir. Hiç iştahı olmadığı halde yemeği yemeye çalışır. Lokantadaki öteki müşteriler ona bakarlar. Bir çocuk bağırır. Kadın garsonu çağırır: Hesabı ister.

Garson: Hangi millettensiniz siz?

Kadın: Hiçbirinden.

Merdivenlerden aşağıya iner. Lokantadakilerden biri arkasından bağırır.

Biri: Alman! Alman!

Seyahat acentasına girer. İçersi doludur. İnsanlar arasında bir de üniformalı vardır. Genç bir asker. Kadına bakar. Kadın Venedig'e bir tren bileti alır. Dışarı çıkar. Asker yanına yanaşır.

Asker ona birşey söyler. Alan gürültülüdür. Askeri duyamayız. Kadın omuz silker.

Kadın kentte dolaşır. Kamera onu alanların, caddelerin karmaşası için de izler. Yüksekten...öyle ki kadın, ufak bir nokta gibi görülür.

Dış ses (Pavese): Yalnız sağlıklı insan aklıyla yaşasaydı değmezdi yaşamaya, can sıkıcı olurdu. Tam aksine, güzel olan, dünyanın gökyüzü altında bir deliler topluluğunu andırması."

Kadın istasyona giden otobüste. Otobüste yalın insanlar oturmakta. Güzel bir kadın ona gülümser. Kadın onun gülümsemesine karşılık verir.

Niş garında önce büyük salona girer. Burası insan doludur. Köylüler. Çocuklar. Kadınlar. Askerler. Tuvalete gider. Çantasını da ardından sürür. Hatta tuvaletin içine kadar. Yazdıklarını kaybetmekten korkmaktadır, bu yüzden çantasını her yere yanında taşır. Sonra içmek için iki meyva suyu alır. Bekleme salonunun önüne gider. Merdivenlere oturur. Raylara bakar. Sonunda iki tren anons edilir. Biri Paris-Münih trenidir ve İstanbul'a gitmektedir. Bir diğeri ise İstanbul'dan gelip Münih ve Paris'e giden trendir. Tüm vagonlar doludur. Daha çok da Türk konuk işçilerle, Türkiye'ye tatile gidenler, ya da tatilden Avrupa'ya dönenler. Ayrıca trenlerde çok sayıda Yugoslav da vardır. İstasyonda da. Gene karmaşa. Bazı yolcular rayların üzerinden geçip peronlara koşarlar. Kendisi de rayların üzerinden koşar.

Kadın iki uzun trenin arasında yürür. Geç öğleden sonradır. Yolcular pencerelerden dışarıya bakarlarken, o, yorgun, binmesi gereken vagonu arar. Birden yağmur yağmaya başlar. Öylece ıslanmanın tadını çıkarır. Yağmur yüzünden asla acele etmez. Tersine ıslanmaya bırakır kendini. Ayağını trenin merdivenine koyduğu sırada bir kez daha iki uzun, kara trenin, peronun iki yanında oluşturdukları bu tünele bakar. Gözleri yakından gösterilir.

"Rainer'in otomobilinin yağmur altında gidişini görür"

Trene biner.

Trende...

Kadın. Karşısında bir Yunanlı oturmaktadır. İnce yapılı biri. Şık. Modern. Çok genç. 20 yaşında. Yanında iki çocuk oturuyor. İkisi de aynı hasır şapkayı takmış. Kız (8), oğlan (6) yaşında. Kadının dişi çok ağrımaktadır. Hemen meyva suyu ile bir hap içer. Dışarıya bakar. Vagoun içine bakar. Çocuklara bakar.

Tren çok doludur. Bazıları koridorda şarap içmektedir.

Çocukların babası: Ben çocuklarımla sahilde tatil yapmaya gidiyorum.

Çocukların babası yalın bir insandır. Ya işçi, ya köylü. Göbeği var. Çok konuşkan. Durmadan birşeyler anlatıyor. Ağustos böceklerinin cızırtısı gibi boyna birşeyler anlattığı duyuluyor. O anlatırken kadın düşüncelere dalar. Düşünceleri resim olarak görüntülenir...

Çok sessiz, ama cızırtı gibi duyulur, çocukların babasının, kelimeleri anlaşılmasa da çene çalışı belirlidir.

Dışarıda mısır tarlaları.

Güneş şemsiyeli bir çocuk.

Kadının çocukluğu, ailesi ile birlikte tepedeki göle giden otobüsteler.

Annesi, babası, ağabeyi ve kendisi.

1945 yapımı bir otobüs. Otobüs göl kıyısında durur. Göl ağaçlarla çevrilidir. İnerler. Gölde boğulmuş birinin cesedi. Ceset bembeyaz, cesedin yüzü görünmez, ya da yüz boştur. Gözleri yoktur. Burnu yoktur. Bu yüzyıllar içinde silinmiştir. Ya da o, o zamanlar, korkudan cesede bakamamıştır. Kendisi çocuk olarak (6) ilk kez ölümle karşılaşır.

Dış ses (Kadın): Hiçbir zaman hasır şapkam olmadı. Ama trenleri çocukken de severdim. O zamanlar... bu dünyada daha kimbilir nelerle karşılaşacağımı düşündüğümde.

ısır tarlaları.

Dışarsı kararır. Karşısında oturan Yunanlı bir kitap okur. Kitap Alman yazarlarının Yunanca çevirisidir. Yazar adları arasında "Dieter Lettmann"ı okur. Çok şaşırır. Diş ağrısı dayanılmaz olmuştur. Bir hap daha içer. Saatine bakar. Antibiyotik de içer. Çocukların babaları çocuklara salamlı büyük ekmek dilimleri verir. Kendisi de yer. Kadının yanına iki erkek daha oturmuştur. Tam yanındaki de koca göbeklidir. Gömleğinin düğmelerini de açmıştır. Yemek yerler, şarabı şişeden içerler. Sağlıklıdırlar. İştahları vardır.

Kadın havasızlıktan sıkıntı duymaktadır. Sanki nefes alamayacak gibidir. Bir an ateş krizi geçirir. Yorgunluk. Diş ağrısı. İlaçlar. Elinin üzerine dayar başını.

Yunanlı: Yardım ister misiniz?

Kadın cevap vermez.

Yunanlı: Durmadan ne ilacı alıyorsunuz?

Kadın cevap veremez. Yanağını, ağrıyan dişini işaret eder.

Tren gecenin içinde hızla gider. Yunanlı onun yanına oturur. Başını omzuna yatırır.

Saçlarını okşar.

Kadın bir kedi gibi okşanmasına izin verir.

Gecedir. Tren hızla gider.

Yunanlı: Nereye gidiyorsun?

Kadın: Daha sonra Turin'e. Sen?

Yunanlı: Ben de.

Kadın: Ama Pavese için değil.

Yunanlı: Ne? Rolling Stones'un konseri için. Ben de gitar çalıyorum.

Çocuklar şimdi birbirlerine sarılmış uyuyorlar.

Babaları da. Yanındaki adamlar da. Biri horlar bile. Gömleğini iyice açmıştır.

Kadın için içine doğru gittiği geceye dayanmanın tek yolu

Yunanlı'nın omuzudur. Yunanlı nazikçe öper kadını. O da onu. gözlerini kapamaya çalışır.

Rainer'le yapılan araba yolculuğuna geri dönüş. Kadın onun yanında oturmakta. Gecenin içine doğru gitmektedir.

Kadın: Birşeyler içseydik.

Rainer: Zamanım yok. Yola devam etmeliyim.

Kadın: Yapma canım, gel birşeyler içelim.

Kadın ve Rainer bir kahvenin bahçesinde. Gece. Serin. Onun bir rüzgâr ceketi var. Kadın ipek bir giysi içinde ve titriyor.

Kadın: Bana ceketini verir misin?

Rainer: Ben giymek istiyorum.

Kadın: Sana yük olacağımı sanma. Ben yalnız kendime yük olurum.

Rainer: Sana telefonda söylemiştim.

Kadının Berlin'deki odası.

Büyük bir çatı katı odası.

Bir sütun. Çift kişilik bir yatak.

Eğik çatı penceresinin altında. Büyük bir çalışma masası.

Tüm duvarlara Pavese'den alıntılar yapıştırılmış. Bunları onun kitaplarından çıkartıp yazmış.

Çocuk resimleri. Pavese'nin yüzü. Peter Weiss'ın resmi...Odada iki basamak. Kitap dolu. Kasetler. Bir radyo. Fitzgerald'ın kitapları... Resimler. Masanın üzerinde daktilosu. Joseph Losey'in filminin kasetinden Don Giovanni operasını yüksek sesle dinliyor. Telefon çaldığında öteki odaya koşuyor.

Rainer: Nihayet aradın Rainer...Ne? Gelmeyeyim mi...

Rainer'i görüyoruz. Bir burjuva evinde oturuyor. Çevresinde sessizlik var.

Rainer: Lütfen beni de düşün. Yaşamıma son vermeyi bile düşünüyorum. Seni unutmak zorundayım.

Berlin'deki evinde kadın.

Kadın: Seni seviyorum ben. Kocamla çocuğum bırak da benim sorunum olsun.

Rainer başka bir kentte, başka bir evde.

Rainer: Bu kadar bencil olma.

Kadın Berlin'deki evinde.

Kadın: Her ben bencildir, her kent kentsel olduğu gibi. Geliyorum.

Rainer ve kadın otoyolun kenarındaki kahvenin bahçesinde. Şimdi üzerinde bir kazak var.

Rainer: Peki, şimdi nereye gidiyorsun?

Kadın: Ya sen?

Rainer: Doğduğum kente.

Kadın: Yani benim ülkemin kentine.

Ben belki Yugoslav sahillerine giderim. Sonra da Turin'e. Belki de en sevdiğim yazarın dolaştığı yerlerde nihayet kitabımı yazabilirim. Ama sen benimle gelebilirsin...

Rainer: Ben şimdi gitmeliyim. Yolum çok uzun.

Kadın: Her yolun bir yenisine çıkması ne kadar iyi...Sonsuz dünyada bir ağ. Dünya kadar büyük. Gene de dünya kadar küçük.

Trende. Tren gecenin içinde hızla gider. Aslında Rainer'in otomobilinde nerdeyse Bulgar sınırına kadar gittiği tüm yolu gerisin geriye trenle gidiyor. Yunanlının omuzuna yatmış. Uyumuyor, ama çok yorgun. Uyumuyor, ama çok yorgun. Uyuyabilmek için fazla yorgun.

Dış ses (Kadın): Yolculuklar ilginçtir. Yaşamın sürekliliği içinde başlı başına kesitler oluştururlar. Dağlardan, deniz kıyılarından, kentlerden, gecelerden geçilir. Kalabalık ya da bomboş istasyonlar belirir sonra herhangi bir ormanla karşılaşırsın. Belki birkaç gün önce geçtiğin bir orman. Bir kent...

Sabah. Tren Trieste'nin banliyölerine giriyor. Kadın kalkar. Denize bakar... Deniz havasını içine çeker. Sanki yumuşak deniz meltemlerini elleriyle tutmak istemektedir. Kumrulara bakar...

Akdeniz'de kumsal. Yüzüyor. Sudan çıkıyor. Rainer'e gidiyor. O kumda yatmakta. "Le Monde Diplomatique" okuyor. Kaset çalardan Mozart'ın müziği yükseliyor.

Kadın hemen onun üzerine yatıyor. Onu öpüyor. O da onu.

Kadın: Seni seviyorum Rainer. Neden bilmiyorum. Seni ilk kez annenin kollarında ondört günlük bir bebekken gördüm. konuştuğum dillerin hepsini biliyorsun. Benim için hem çocuk hem de yetişkinsin. Tıpkı kendimi de hissettiğim gibi... Sen yaşamın kendisisin. Ölümsün de. Tıpkı kendimi hissetiğim gibi,

Müzik susar. Martılar haykırır.

...

Kadın trenin penceresinde.

Martılar haykırırlar.

Kadın Yunanlıya döner.

Kadın ona, ama aslında kendisine: Neyse o. Martılar uçuyor.

Yunanlı: Ne diyorsun?

Kadın: Benimle iner misin?

Trieste istasyonu. Birkaç yolcu.

Birkaç din görevlisi...Kadın bavulunu sürüklüyor. Yunanlı kendi bavulunu taşıyor. Bavulu çok hafife benziyor. Bir taksiye biniyorlar.

Kadın taksi şöförüne: İyi bir otele lütfen.

Trieste.

Güzel bir otel odası. Herşey zevkli. Klasik. Lacivert-siyah, beyaz. Televizyon. Bar. Radyo. Orijinal resimler...Yunanlı yatakta çıplak uyuyor. Beyaz bir çarşaf onu kısmen örtüyor. Kadın bikinisi içinde balkonda oturuyor. Kamera uzaktaki damları tarıyor. Televizyon antenleri. Bacalar. Kadın rahatlamış. Bu odada kendisini dünyadan kısa süre için de olsa ayırdığı için memnun. Bir sandalyeye oturup yazma işini sürdürüyor. Yazmayı bırakırsa ölümüne sıkılacak gibi. Artık onun için herşeyden çok sözcükler önemlidir, bir tükenmez kalemle bloknota döktüğü sözcükler. Yazarken hızla sigara içiyor. Ara sıra maden suyu içiyor. Balkondaki masa ufak ve metalden. Bir köşesinde sararmış italyanca bir gazete duruyor.

Odaya giriyor. Uyuyan Yunan'lıya dikkat bile etmiyor. O çok derin bir uykuda. Ne de olsa trenle Selanik'ten Trieste'ye kadar geldi. Yunanlı kadın için sanki odanın bir parçası. Nefes alan bir eşyası. Kendisi de uzanır. Dinlenmeye çalışır.

Kadın Berlin'deki odasında yatmakta.

Yanında Rainer yatıyor. Radyo ya da kasetçalardan hafif bir müzik sesi geliyor. Şarkılar...Gökyüzü gri. Yakında gün ışıyacak. Onlar mutlu bir sevişme gecesinin sonundalar. Böyle birçok gece geçirdiler.

Rainer: Seni şimdiye kadar birinin anladığına inanmıyorum.

Kadın: Ne ilk, ne ikinci kocam anladı. Belki bir tek kızım anlamıştır. O hep "insan görürken düşünüyor. Belki de düşünen aslında gözlerdir" diyor. Daha dokuz yaşında bile değil.

Rainer: Onun için korkmuyor musun?

Kadın: Hiçbir şeyden korkmuyorum.

Rainer: Bu gücü nereden alıyorsun?

Kadın: Hiç'ten. Ölümden. Ben sonu kendime başlangıç yaptım.

Rainer yatakta gökyüzüne bakar.

Kadın pencerenin yanına gider. Yazı masasının üzerine çıkıp aşağıya bakar, çünkü merdivenlerde bir yerde başka bir kadının ağladığını duymaktadır.

Kadın aşağıya bakar. Yavaş yavaş gün ağarır.

Bir kadın pencereye dayanmış, iç avluya bakmakta. Sonra dirseklerine dayanır. Sessizce ağlıyor....

Öteki kadın: Çok yalnızım...

Ağlar...

Öteki kadın: Çok yalnızım...

Masadan aşağıya iner.

Yazı masasının üzerindeki kâğıtları karıştırır. Herşey karman çormandır. Sonra bir kâğıt bulur...

Kadın: Sana bugün yazdıklarımı okuyacağım...

Kamera Berlin'in damlarını ve avlularını tarar....

Dış ses (Kadın): Biraz sonra gece Berlin'in eski ve yeni yapılarının damlarına inecek. Yaşlı kadınlar bu gece ölümü bulacak belki. Parkta ağacın altındaki gölgede dondurma yalayacak yaşlı kadınlar yarın. Yumuşak bir Haziran akşamı yaklaşıyor Berlin'in damlarına. Bu koca kente. Doğu, Batı ve aralarında da Türkiye ile küçültülmüş bu dünyaya...

Kamera Kreuzberg semtinin çatılarını tarar...

Sonra duvarı gösterir.

Kamera Trieste gökyüzüne döner.

Kumrular uçuyor. Otelin önündeki damlar.

Kadın Trieste'deki otelin balkonunda ayakta durmaktadır. Büyük yakalı uzun kollu bir ipek giysi içindedir. Kumrular uçar.

Şimdi alanda çalan bandoyu duyar.

Kahvenin orkestrası romantik şarkılar çalmaktadır.

Çanlar çalar.

Yatakta uyumaya devam eden Yunanlı'nın yanına gider. Onu uyandırır.

Kadın: Kalk, bütün gün uyudun. Giyin. Alana gidiyoruz.

O giyinirken, kadın aynaya bakarak makyajını yapar.

Kendi yüzüne acımayla bakar...

Kadın aynadaki görüntüsüne: Herşeyden ayırabilseydim kendimi. Herşeyden, burjuva ya da küçükburjuva, allahın belası gündelik düzenin üstüme saldığı herşeyden...

Yunanlı'ya: Hazır mısın?

Bu arada Yunanlı çok şıklaşmıştır. Birlikte Piazza Unita d'Italia Triesta'ya giderler. Otelin karşısındaki kahveye otururlar. Orkestra "Besame mucho"yu çalmaktadır.

Yunanlı: Bu şarkıyı biliyor musun?

Kadın: Ne yazık ki bütün şarkıları biliyorum...

Birşeyler ısmarlamışlardır. Orkestra çalmaya devam eder. Alan çok canlıdır. Bir tabur asker alanda bayrak törenine başlar. Kadın not almayı sürdürür. Yunanlı onu yumuşakca okşar. Kadın bu okşanmanın farkında değildir, rahatsız da olmaz. Çevresini saran bu tamamen yabancılık içinde, kendisine daha az yabancı olan bir elin yanında olması belki de iyidir.

Yunanlı: Selanik'e gittin mi hiç?

Kadın: Bir kez.

Yunanlı: Ne zaman?

Kadın: Sen hangi yılda doğdun?

Yunanlı: 1962'de.

Kadın: İşte o yıl ordaydım.

Trieste'nin tenha sokakları. Yunanlı küçük bavulunu taşır. Kadın onun yanında yürür. Sahil yolunda deniz kıyısında yürürler. Motorsikleti üzerinde genç bir kız oturur ve futbol maçının naklen yayınını dinler. Her pencereden futbol maçının naklen yayını duyulur.

Kadın: Kim oynuyor?

Yunanlı: İtalya.

Kadın: Kime karşı?

Yunanlı: Federal Almanya'ya.

Kadın: Final maçı mı bu?

Yunanlı: Son oyun.

Gün batımına doğru boş sokaklarda yürüyen tek kişiler Yunanlı ve kadın. Ara sıra kahve teraslarında oturan birkaç erkek görülüyor, sanki sonsuza dek yalnızmışlar duygusu veriyorlar. Bir vitrinde canlı bir kedi yatıyor. Yarı açık pencere kepenginin ardında yaşanmışlık taşıyan yüzüyle bir kadın sigara içiyor.

Birden tüm kent haykırıyor. Tüm ülke. Sanki gökyüzünde bir bomba patlamış gibi. İtalya bir gol attı.

Kadın ve Yunanlı ayrılıyorlar.

Erkek Trieste garına doğru gidiyor. Kadın otele geri dönüyor. Trieste sahil yolu.

(Gol'den sonraki haykırma bu ayrılış sahnesine denk düşer).

Trieste'deki otel odası

Kadın içeriye yalnız girer. Yatışmıştır, yalnız kaldığına memnundur. Kendisini güçlü hisseder. Bütün ışıkları yakar. Tek tek. Televizyonu açar. Buzdolabından bir maden suyu çıkarır. Sonunda radyoyu kapamayı başarır. Radyoda Rolling-Stones'un müziği.

Kentin tüm arabaları sokaklardadır ve klakson çalarlar. Durmadan klakson çalarlar.

Pencereyi açmayı dener. Ama dışarda öylesine bir gürültü, öylesine bir patırtı vardır ki hemen kapamak zorunda kalır.

Yaşlı otel hizmetkarı içeri girer. Elinde bir ilaç. Masanın üzerine bırakır. Kızgındır.

Yaşlı adam: Mamma mia. Eğer sağnak yağmur yağmazsa, bunlar bütün gece bağırırlar.

Size bir konyak getireyim mi?

Kadın: Alkol içemem.

Yaşlı adam: Kulak tıkaçı bulayım size.

Kadın otel hizmetkarı ile konuşurken dışardaki gürültü öylesine artar ki, artık odanın içinde bile birbirlerini duyamaz olurlar. Konuşma dünya şampiyonasını kutlayan futbol fanatikleri yüzünden kesilir.

Trieste. Otel. Sabah.

Sessizlik. Sabah güneşi kalın perdelerden içeriye sızar. Saate bakar. 6.20. Hemen radyoyu açar. Don Giovanni duyulur. Sonra da haberler. İlk haber: İtalya dünya şampiyonu. Ülkenin cumhurbaşkanı futbolcuları kabul edecek. Haberler. Falkland krizi. İsrael Lübnan'la savaşıyor. Gözlerini odada dolaştırır. Odada asılı olan resimleri kamera aracılığı ile terslerinden görürüz.

Dış ses (Pavese): "İnsanları öldüren kader, onları görebilmemiz ve gözlerimizi bu cesetlerle doldurabilmemiz için bizi de sorumlu kılıyor. Korku, alışılagelmiş korku, kaçış değil. İnsan gerçeği kavradığı için utanıyor– işte gerçek önümüzde. Her ceset sen, ben ya da biz olabiliriz. Arada hiç fark yok. Eğer yaşıyorsak, bunu bir başkasının kirletilmiş cesedine borçluyuz. Bu nedenle her savaş bir iç savaştır. Her şehit, yaşayan canlıya benzer ve ondan ölümünün hesabını sorar."

Trieste. Otel odası.

Yavaş yavaş eşyalarını toplar. Oteli terkeder. Bir barda çay içer.

Barın gerisinde İtalyan bayrağı asılıdır. Elle boyanmış olarak.

Üzerinde: Campioni del Mondo! 3:1 Eroici! yazılmıştır.

Yıkık bir İtalyan işçi bara yanaşır. Onunla sohbet eder.

İşçi: Siz Alman mısınız? Ben de Almanya'da işçilik yaptım. Burada daha ne kadar kalacaksınız? Benimle aşk yapar mısınız? Hey ...amore...

O konuşmasını sürdürürken kadın bardan çıkar.

Alandan geçer, güvercinler uçuşur.

Bir yığın insan gene dışardaki kahve masalarında oturmaktadır. Yaşlı bir akıl hastası bir yığın plastik torba ve büyük, siyah bir şemsiye ile geçer. Alçakca bir duvara oturur kadın. Sonra tedirgince ayağa kalkar. Yoluna devam eder. Kadın ya da kadının gözleri olarak kamera akıl hastasını izler. (Kadın akıl hastalarına ilgi duymaktadır)

Turin'e giden trenin kalkmasından önce.

Kadın açık pencerede durur.

İstasyon görevlilerinden biri: İyi yolculuklar.

Kadın: Teşekkür ederim. Hoşça kalın.

Birdenbire önünde peronda Yunanlı belirir. Onu aramaktadır. Görür. Onu gördüğüne çok sevinir.

Kadın: Rolling Stones'u dinlemeyi başarabildin mi?

Yunanlı: Evet.

Kadın: Güzel miydi?

Tren kalkarken Yunanlı bağırır:

Yunanlı: Bana bir kitabını yolla. Hangi dilde olursa olsun.

Tren hızlanır. Kadın onun ardından bakar. Trieste'nin yeşil tepelerine bakar.

Trieste ve Turin arasındaki mesafe.

Dış dünyanın görüntüleri trenin hızıyla değişir.

Kadın doyumsuz özlemini düşünür. Bu bir aşk özlemi değil

tıpkı onun gibi güçlü bir yaşam özlemidir. O bu özlemi o ana kadar, aşkla, tanıdığı ve tanımadığı insanlarla olan ilişkileriyle, edebiyata olan sevgisiyle doldurmaya çalışmıştır. Okumak ve yazmakla. Turin'e giden trende tek başına oturduğu bu anda kendisini değiştirmeye karar verir. O anda edebiyatın, yaşamın kendisinden daha canlı olduğunu kavrar ve edebiyatın doğmasının nedeninin de bu olduğunu düşünür. O ana kadar o yaşamın daha canlı birşey olduğuna inanmıştır. Ama edebiyat daha çok yaşam, daha çok aşk, daha çok duygu, daha çok ölüm yüklüdür.

"ARTIK YALNIZ KALKMAKTAN ÜRKMEZ."

Düşüncelere dalmış bunları düşünürken tren yoluna devam eder.

Dış ses (C. Pavese): "Zaman zaman hiçbir şey yaramaz haber bültenlerini dinledikten sonra, penceremin kenarında dışardaki terk edilmiş üzüm bağlarına baktığımda, raslantılardan oluşan bir yaşamın yaşam olmadığını düşünüyorum. Ve kendi kendime gerçekten rastlantılardan sıyrılıp sıyrılmadığımı soruyorum."

Trende.

Vagonun kapısını bir adam açar.

Adam: Burada tek başınıza oturuyorsunuz. Bavulumu alıp geleyim de sohbet edelim.

Kadın: Ben yalnız kalmayı yeğliyorum.

İlk kez bir insanı reddetmeyi başardı. Buna memnun. Adam vagonun kapısını kapatıp çıkar. Tren yoluna devam eder. Kadın yazar.

Çocukluğunun elma bahçeleri. Kendisi ağaçların üzerinde. Ağabeyi bağırıyor.

Ağabey: Nerdesin?

Ağaçtan aşağıya iniyor. Yalınayak bahçede koşuyor. (Altı yaşında)

Ağabey: Babam bana bisiklet atlı. Otur önüne...

O tatil yöresinde onlar bu biçimde gölün çevresinde, çocukluğunun sakin doğası içinde bisikletle giderlerken, Turin'e giden trenin sesi duyulur. Bu çocukluk anısının resimleri üzerine kendi sesinden trende yazdıkları duyulur.

Dış ses (Kadının sesi): Susulan herşeyi, büyüyen ya da ölmekte olan, ölmüş olan herşeyi daha doğru anlatmalıyım, daha yoğun yaşamalı, ve daha çok öne çıkartmalıyım. Her nesneyi, her canlıyı, herhangi bir insanı, her gördüğüm şeyi yaşanmışa çevirmeliyim, derinleştirmeli, yaygınlaştırmalı, rüzgârlar gibi esmesini, yağmurlar gibi yağmasını sağlamalıyım, kendimi canlı ya da cansız, doğmuş ya da doğmamış olarak göreceğim o ufacık noktanın sonsuzluğuna kadar. Kendi aldığım bu kararla ölümü de büyütmeliyim. Yaşamım, ölümüm tüm yaşamı, tüm aşkları ve tüm ölümleri kapsamalı.

Ağabeyin bisikleti üzerindeki çocukluk anısının sonu.

Üniformalı bir demiryolu görevlisi vagona girer. Onun karşısına oturur. O yazdığı sürece ciddidir.

Sonra ona sarkıntılık etmeye başlar.

Hatta ona dokunup kendine doğru çekmeye bile yeltenir.

Kadın ona vurur. Çok ciddidir, ama ciddiyeti içinde gülmek zorunda da kalır, çünkü adam onun bu davranışından zevk almış ve neşelenmiştir. O bu adamın görüntüsü karşısında gülmek zorunda kalmıştır, çünkü gerçekten de kimse tarafından engellenmek ve tedirgin edilmek istememektedir. Üniformalı Milano'da iner.

Turin'e giden tren'de.

Kadın vagonda yalnızdır.

Novarra'da kalkar, Turin yöresini daha iyi görmek ister. Hemen ardından içecek satan araba gelir. Kadın kahve ister. Satıcı hemen arabasını durdurur ve geçip onun karşısına oturur. Ufak biridir. Sinirli. Elleri sinirli insan elleridir, gözleri de sinirli hareket eder.

Satıcı: Turin'e mi? Böyle yalnız?

Kadın düşüncelere dalmıştır. Onun kendi kendine konuşmasına izin verir. Ama bu sinirli insanla ilgilenmektedir, onu kısa bakışlarla gözlemler.

Satıcı giysilerini gösterir.

Satıcı: Kötü giyimliyim ama uykumu aldım.

Kadın birşey söylemez. Duyar ama yalnızca kenti ve Cesare Pavese'nin yaşadığı çevreyi tanımayı düşünür, çünkü kendisi yıllardan bu yana onun edebiyatı ile yaşamaktadır.

Satıcı: Bu akşam birlikte yemek yiyelim mi?

Kırlaşmış saçlarını gösterir.

Satıcı: Yaşlı bir adam oldum. 39. On yıl daha genç olmalıydım.

Tren gün batımına doğru yol alır.

Satıcı: İşim birazdan bitecek. Geri döneceğim.

Hava bulutlu. Bunaltıcı.

Satcı: Ama daha önce size bir kahve daha ikram edeceğim. Buyrun...

Gider. Kamera Turin çevresini kadının gözleri ile bir sağdan, bir soldan taradığı sırada:

Dış Ses (Cesare Pavese): "Şimdi ağaçlıklı yolların ve evlerin ardında çocukluk anılarımı buldum yeniden, olağanüstü güzel ve hafif anıları, bir insanın"....

Dış ses konuşurken kamera da satıcıyı izler... Mini-barını teslim edişini, hesabı kapatışını. İş gömleğini çıkarışını. WC'ye gidişini, hızla saçını tarıyışını, koku sürüşünü, aynaya bakışını, kendini bir kadının katında şansı olup olamayacağı düşüncesiyle sınavlamasını. Bunları yaparken de sinirli sinirli ıslık çalıp, şarkı söyler alçak sesle "Felicita... felicita...".

Dış ses (Cesare Pavese) sürer....

...kendine bir kader ve bir ufuk düşleyen, bunların tepeler ya da bulutlar değil de, bulutların ve tepelerin onun bir izdüşümü olarak kan ve kadını düşleyen bir insanın"...

Satıcı geri gelir. T-shirt. Açık renk bir pantolon, biraz kirli. Bir elinde birkaç kâğıt, ötekinde ise beyaz kumaştan bir çanta. Tüm haliyle tedirgin, sinirlidir. Sanki kendi kendine kendi öyküsünü anlatır gibidir. Herhalde büyük bir yalnızlık çekmektedir. Yanında teneke bir kutuda Birra Perroni getirmiştir. İki de plastik bardak. Bir yandan anlatır, bir yandan da kutuyu açıp bardaklara bira koyar.

Satıcı: Köpüklü mü köpüksüz mü?

Kadın bu saflığa gülümser, çünkü işini bitirdikten sonra da kadının yanında bir garson gibi davranmaktadır.

Satıcı: Çalışmak için bavulumu alıp Berlin'e gittiğimde çok gençtim.

Kadın önüne çıkan herkesin, onun nereden geldiğini bilmedikleri halde Almanya'dan söz etmelerine şaşar.

Kadehleri tokuştururlar. Plastik bardaklar çınlamaz. Adam sinirli sinirli pencereden dışarıya bakar. Davet ettiği kadının yüzüne bakamaz. Sık sık dizine vurur, bir ayağını da hareket ettirir.

Satıcı: Amcamın Berlin'de bir lokantası vardı, zavallı amcam, kırk yıl orada çalıştı ve orada gömüldü.

Yaşam böyle, hepimiz öleceğiz.

Benim hiç şansım olmadı, kadın konusunda da...

Yalnız iskambil oyununda şanslıyım. İnsanın ne karısı, ne de çocuğu olursa, birşey yapması gerek. Ben de kumar oynuyorum. Venedig'de ana babamın yanında oturuyorum. Yemek, içmek, herşey bedava.

Tren gider...

Bugün Turin'e, yarın Venedig'e gidiyorum...

İşte böyle...Venedig-Turin, Turin-Venedig....

Dizine vurur. Sonra kumaş çantasından çıkarttığı radyosunu gösterir.

Satıcı kısa bir süre ıslıkla "Felicita...felicita..."yı çalar.

Satıcı: Almanya'da aldım. Grundig.

Adınız ne?

Kadın...

Adı duyulmaz. Bir başka tren karşı yönden gelip hızla geçer.

Satıcı: Almanca ve ingilizceden başka bir dil.

Kadın: Almanca ve ingilizceyi nereden biliyor sunuz?

Satıcı: Biliyor musunuz, ben dünyayı dolaştım. Bütün dünyada spagetti ve lasagne yenir. Londra'da da Kopenhag'da da.

Tren durur.

Karanlıktır. Turin istasyonu çok doludur. Hafif bir yaz yağmuru yağar. Bir yığın insan arasında büyük çerçevede kadını ve satıcıyı görürüz. Adam bir eliyle kadının bavulunu sürükler, öteki elinde kendi kumaş çantası asılıdır. Kamera yukardan yaya kaldırımlarını çeker...istasyonun önündeki bölümü. Kadın da adam da bir nokta kadardır.

Turin istasyonu önündeki bölüm.

Satıcı: Burada beni bekleyin. Yarınki içecek listesini vermem gerek.

Kadın yalnız. Adam binlerce insanın arasında kayboluncaya kadar bekler... Sonra istasyonun uğultusu içinde kalabalığa doğru haykırır:

Kadın: Tüm dünyada spagettinin yayılışını kavradığın gibi, yalnızlık sorununun sorumluluğunu da tek başına taşımayı öğrenmelisin!

Haykırışı Turin istasyonunun uğultusu içinde çınlar.

Cut.

Turin istasyonu önünde.

Burada kentin gürültüsünü hiç duymayız. Önce alanı ve geniş caddeleri görürüz. Gece. Ağaçlar, Işıklar. Ama sessiz...Yalnız bir blues duyulur...

(çünkü burada kenti şimdiye kadar kitaplardan tanıdığı biçimiyle hemen kavramıştır. Ve hayalindeki kentte onun uğultusu yoktur...) yalnızca blues...

Büyük resimde kadını Roma otelinde giderken görürüz. Çantasını ardından sürükler.

(Burada aslında kadın için artık dış dünya sona ermektedir. Düşünmek ister. Kendi köklerine geri dönmek ister...kendi yaşamı ile bir hesaplaşmaya girecektir. Ciddidir. Duyguludur, belki biraz da melankoliktir. Gene de dış dünyaya karşı canlılığını korur. Dünya artık onun için bir kulistir. O kendi sahnesi üzerinde durmaktadır. Sahnede kendi kendisiyle yalnızdır. Yedek canlısı artık aşk değil, en sevdiği yazar olan Pavese'dir.)

Roma otelinin resepsiyonu. Piazza Felice Turin.

Burada Cesare Pavese ile özdeşleşir, o da bu otele gelmiştir ve burada intihar etmiştir.

Resepsiyonda genç bir İtalyan çalışmaktadır. (20 yaşında). Çok ince yapılıdır. Çok narindir.

Salonda gri saçlı yaşlı bir kadın tek başına oturmaktadır. Yaşı belirsiz...Canı sıkılmış, uykulu. Salonda sonunun gelmesini bekleyen yaşlı bir kadın etkisi yaratmaktadır. Herhangi bir köşede de otelin hizmetkarı oturur. Herşey son derece sessizdir. Bir tek otel sekreteri ufak transistörlü radyosundan müzik dinlemektedir.

Resepsiyona gelen kadın:

Kadın: Cesare Pavese'nin hangi odada intihar ettiğini biliyor musunuz acaba?

Otel sekreteri: Evetleyen bir baş işareti yapar.

Kadın: Oda hâlâ, tutulabiliyor mu?

Otel sekreteri evetleyen bir işaret yapar.

Kadın: Ben o odayı tutuyorum.

Otel Roma'nın asansörü.

Biz asansörü altından görürüz. Kamera sonra iyice yukarıdan bütün o yukarıya çıkan kapkaranlık küçük, asansörün içinde yükseldiği deliği gösterir. Sessizlik. Roma otelinin uzun koridorları. Orda burda kullanılmış çarşaf yığınları...Sessizlik...Karanlık..Boşluk...Uzunluk...

Koridorun bitiminde 305 numaralı oda.

Dış ses (Cesare Pavese): "İnsan olabilmek bambaşka bir olgu. Şans, cesaret istek gerektiren bir olgu, özellikle dünyada başka hiç kimse yokmuş gibi yalnız kalabilme cesaretini gerektiren bir olgu..."

305 numaralı oda.

Otel sekreteri kepenkleri açıyor. Dışardan Piazza Felice'nin ışıkları görülüyor. Oda yenilenmiş. Onun intiharının hiçbir izini duyumsamıyor. Odanın atmosferinden hayal kırıklığı duyuyor. Otel sekreteri bir başka kapıyı açıyor. Orada onu bekleyen banyo. Kadın sekreterin ardında dolaşıyor.

Ufak bir tabutluk. Burada onun intiharını anımsıyor, sanki onun cesedini görüyor. Onun bulunduğu yatağın üzerine uzanıyor... Yatağın altına bakıyor. Heyecanla her bir nesneye bakıyor... Sanki onu canlı bulacak ve kendini öldürmesine engel olacakmış gibi bir his taşıyor.

Otel sekreteri onu izliyor.

Onun intihar ettiği yatağa uzanıyor. Bir tek ayakkabılarını çıkartıyor. Kamera onun yüzüne yaklaşıyor.

Flash back. Anımsama. (Yıl 1963)

Kadın ana babasının evinde yatakta yatıyor. Bu rolü aynı kadın oynar. 20 yaşındadır. Gençliği içinde güzeldir. Gece yarısı kalkar, ailenin diğer fertlerinin uyuduklarına emin olmuştur. Çok sessiz davranır kimse uyanmasın diye. Mutfağa gider. Son derece bakımlıdır. Sağlıklı ve güzeldir. Bütün gün bu işi yapmak için hazırlanmıştır, cesedinin güzel bulunmasını ister.

Aşağı yukarı 70 hap toplamıştır kendini öldürmek için. Bu miktarın ölmek için yeterli olacağından emindir. Akşama kadar intihar düşüncesince izlenmiştir. Avucuna doldurduğu hapları su ile üç kezde içer. Sonra kendine reçelli ekmek hazırlar, kusmamak için. Hızla ve sessizce. Sonra gene yatağına uzanır.

Gözlerini yumar....

Haplardan sonra gördüğü ilüzyon.

20 yaşında bir kız olarak 6 yaşındaki halinin elinden tutmuş buğday tarlaları içinden koşmaktadır. Ekinler hafif rüzgarda sallanır. Işık güçlüdür. Renkler ise bej....

Hastahane koridoru......

Anne ve babası, ağabeyi (27) ve erkek arkadaşı (25) kapının önünde beklerler...

Doktor yanlarına gelir.

> Doktor: Hiçbir şey yapamayız. Göz bebeklerinde hareket yok. Tansiyonu sıfır.
>
> Erkek arkadaşı: Bu kadın ölmeyecek. Elinizden gelen herşeyi yapın.

Gözlerini psikiyatri kliniğinde açar. Ve hemen ağlamaya başlar...

> "Beni neden kurtardılar?" Ağlar.

Çevresini öteki hastalar sarar....

> Bir başka hasta: Neden ağlıyorsun? Burası o kadar kötü değil...
>
> Kadın: Buradan çıkmalıyım...
>
> Birçok hasta birlikte: İnsan buraya düştü mü kolay kolay çıkamaz...

Gerçekten de hemen bir hemşire tarafından alınır. Başına nelerin geldiğini anlamak için gövdesine bakar...Belirsiz bir zaman içindedir. Gövdesi çürük doludur. Hemşirenin yanında hastahaneden çıkarılmak üzere asansöre giderken

bir gurup hasta bağırır: Bırakılacağını sanıyor...

Roma Oteli. Turin.

Kadın yatakta yatar. Kalkar. Banyoya girer. Soyunur. Giysilerini yere atar. Aynada yüzüne "acıyarak" bakar. Sanki kendi kendine neden acı verdiğini sorar gibidir. Öte yandan kendi sınırlarının sonuna kadar gitmeye kararlıdır.

Kadın küvette. Yorgun. Yorgunluktan banyoda boğulacak gibi. Nefes alma zorluğu çeker. Kendi varoluşu, dünyanın tüm varoluşu ile birlikte ona yük olmaktadır. Yorgundur. Banyodan çıkar. Bir havluya sarınır. Şimdi yalnızdır. Yalnız kendiyle birliktedir. Sakinleşmiş gibidir. Yeniden yatağa uzanır.

Flash back. 1971. İstanbul'daki ev.

Kadın manik depresyon içindedir. Evde. Odada bir kadın daha var. Herhalde annesi (60 yaşında). Ağabeyi (37). Kocası (30). Bir erkek arkadaşı (35). Üç erkek de solcudur...Bir yandan kadının hastalığına üzülürler, öte yandan da politik sorunlar üzerine tartışırlar. Bu sahneyi kamera ile kadının gözünden gözlemlediğimiz için, erkekler arasındaki konuşmanın bağlantısını anlamayız. Kadın yalnız sözcükler duyar...

Konuşan üç erkek...fısıldıyarak:

– Faşistler...

– Generallerin yeni düzeni...

– O da mı hapiste?

– Benim hapse girip çıktığımı bilmiyor...

– Ağır politik olaylarda hep depresyona giriyor...

– Balkondan aşağıya atlamak istedi...

v.s. ...

Zil çalar. Doktor elektroşok aletleriyle eve gelir. Kadın onu görünce çok korkar. Çevresinde üç erkeğin sohbet ettiği masanın altına saklanır. Korkudan çığlık atar, kendisine elektroşok yapılmasını istememektedir. Doktor bağırır.

Doktor: Tutun onu! Sıkı tutun!

Ağabey kaçar. Anne de kaybolmuştur. Kocası ve erkek arkadaşı, ki iri, yapılı bir gençtir, onu tutarlar. Divanın üzerine yatırırlar. O kol ve bacaklarını oynatarak onlara karşı koymaya çalışır. Bağırır.

Doktor: Tuz getirin...

Erkekler kadının üzerine abanır.

Doktor: Ağzına dudaklarını ısırmasın diye birşey koyun!

Şok makinesini başına bağlarlar.

Şok komasında kadın.

Görüntüler:	Dış ses. Kadın.
Tarlalardan koşar. Ekin tarlaları. Mısır tarlaları. Ot. Elma ağaçları. Efekt: Denizin sesi. Akdeniz. Dalgalar... Su da, tarlalar da, gökyüzü de aynı renktedir. Dünyanın gerçek rengi değildir bu. Bej...Rüzgar.. Dalgalar...	–Artık beni elektroşokla öldürecekleri noktaya gelindi. Ne yaptım ki ben onlara, beni elektrikle öldürmeye kadar abarttılar işi. Ölümüm onlara ne getirecek? Ölümcül tedavi yöntemleri. Kimseyi bağışlamıyacağım. Kimseyi...bu ölümü... Bununla ölündüğünü biliyorum... İşte oraya vardık...

Kadın. Artık alete bağlı değil. Doktor, üç erkek ve annesi yanındalar.

Kadın: Ölüyorum. Devriminizi bensiz yapın!

Doktor: (Yüksek sesle bağırır): Ayağa kalk! Sana klinikte böyle mi davrandık??

Üniversite kliniği. İstanbul. 1971.

Sinir kliniğinde bir bina. Bütün pencereler demir parmaklıklı.

Sinir kliniğinin karşısında ilk yardım binası. İlk yardım binasının önü hep dolu. Polisler duruyor. Askeri arabalar geliyor. Yaralanmış solcular getiriliyor, ya da sağcılar...Elleri kelepçeli... Kamera her iki binayı da alır. Üçüncü kata çıkar. Parmaklıkların ardında kadının yüzü görülür. İnce bir gecelik giymiştir, oysa gündüzdür. Süslenmiştir. Yanaklarına kırmızı allığı abartılı sürmüştür. Sakin görünmektedir. Yalnız gözlerini görürüz, ilacın etkisi altındadırlar. İlaç: Halloperidol.

Hademe gelir yanına. Beyaz bir önlük giymiştir.

Hademe: Hemşire seni görmek istiyor.

Kadının hareketleri ağırdır.

Koridora çıkar. Uzun bir koridor. Bölümün tüm odalarının kapıları koridora açılır. Kamera kadınla birlikte yavaş yavaş onu izler. Gri herşey. Odaların kapıları açıktır. Odalar az ya daha fazla yataklarla doludur. Bazı odalar daha dolu, bazıları daha boştur. Bazı yataklarda hastalar uyumaktadır. Bir yatakta birkaç hasta oturmaktadır. Hemen hepsi sigara içmektedir. Hepsi de ilâçla sakinleştirilmişlerdir. Kadın bir kapıyı çalar.

Hemşirenin odası.

Hemşire. Çok şişman bir kadın. Normal bir giysi içinde. Ziyaretçisi, sevgilisi için süslenmiştir. Çok makyajlıdır. Çirkin, frapan bir kadın. Makam masasında oturmaktadır. Masanın önünde bir koltuk. Orada sevgilisi oturuyor. Üç kağıtçı bir tip. Büyük, altın yüzüğü var. Bıyıklı...

Hemşire: Sana bir çay vereyim mi?

aynı anda kendine ve sevgilisine çay koyar iki fincana.

Kadın çevap vermez.

Hemşire: Soyun!

Kadın cevap vermez. Bir hareket de yapmaz. Soyunmaz da.

Hemşire bağırır: Hadi çabuk! Onun önüne geç. Soyun!

Yoksa doktora söylerim... sana gene elektroşok yapar!

Kadın geceliğini çıkarır.

Hemşire: Hadi! Kilotunu da! Onun önünde dön! Evet, daire içinde dön.

Kadın onun emirlerini yerine getirir.

Hemşire erkek arkadaşına gülümser.

O da ona gülümser.

Hemşire erkek arkadaşına: Güzel, değil mi! Şimdi gidebilirsin...

Kadın koridorda...

Sarı koridor. Akşam vakti. Başka bir gün... belki birkaç gün sonra. Kadın başka bir gecelik giymiştir. Bu saatte bütün hastalar koridorda dolaşırlar, bir aşağıya, bir yukarıya. Koridorun başında bir hademe yerleri siler. Sigara tablaları yoktur. Kadın sigarasını hademenin yerleri sildiği yerde söndürür. Hademe üzerine yürür. Onu dövmeye başlar. Kadının ağzından kan gelir. Bu işi ciddiye almak istememektedir. Ama hademe onu döver. Kadın karşı koyar.

Kadın: Peki nerde söndüreceğim sigarayı, nerde? Göstersene?

Hademe: Bana karşı koyma... Yoksa seni deli gömleğine bağlarım...

Kadın ona inanmaz. Onu dövmemesi için ricada bulunur. Bağırır. Tokatları yumrukları çok acıtmaktadır... Hademe bu işe bir türlü son vermez. Sonunda deli gömleğini de getirir. Öteki hastalar kaçarlar.

Kadın: Bana yardım edin! Yardım edin bana! Beni ondan kurtarın! Doktor nerde?

Bir hasta: Özel kliniğinde...

Hademe kadını deli gömleğine bağlar. Ardından onu odasına sürükler. Burada demirden üç yatak vardır. Başka da birşey yoktur. Karyolalar beyazdır. Öteki iki yatak yapılmamıştır. Hastası yoktur. Hademe kadını yatakların birine yatırır. Deli gömleğini yatağa bağlar. İki kolunu da uzatıp çeker ve onları yatağın üst kısımlarına bağlar. İki bacağını da çeker. Onları da yatağın ayakucuna bağlar. O bunları yaparken kadın ona yalvarır.

– Bırak beni... beni olduğumdan daha çok uzatıyorsun... dayanılmaz bir şey bu... bu durumda bir dakika bile dayanılmaz... lütfen, çöz beni... yalvarıyorum sana! Tüm hastahaneye yalvarıyorum... hastalar... nerdesiniz... çözün beni...

O böyle inlerken... hastalar odaların birinde şarkı söylerler.. Özellikle de güzel, acı bir kadın sesi duyulur... boş koridorda yankılanır... hastanenin akşam sessizliği içinde.

Roma Oteli. Turin. Ertesi gün.

Sabah erken. Kadın eşyalarını toplamıştır. Aynı sekretere resepsiyonda otel parasını öder. Kente gider. Turin'deki yaya geçidinin merdivenlerinde. Çantasını ardından sürükler. Birden otel sekreteri ona yetişir.

Otel sekreteri: Sana yardım edebilir miyim? İşim bitti.

Kadın sevinir. Adam çok sempatiktir, çünkü o gizemli odaya ilk kez onunla girmiştir.

Kadın: Çok naziksin. O kadar yorgunum ki.

Otel sekreteri: Nereye gitmek istiyorsun?

Kadın: S. Stefano Belbo'ya.

Merdivenleri çıkarlar. Gene İstasyona gelmiştir. İstasyon çok canlıdır. İnsan dolu. Bir yığın tren gelir ve kalkar. Kadın hangi trenin hangi perondan kalkarak Belbo'ya gittiğini öğrenecek durumda değildir. Otel sekreteri ona yardım eder. Bileti alması için ona para da verir. Sonra istasyon kahvesinde Capucino içerler. Erkek onu trene kadar geçirir. Çantasını vagona yerleştirir.

Otel sekreteri: Belbo'da ne kadar kalacaksın?

Kadın: Rüzgârlarımı yeniden buluncaya kadar...

Belbo treninde kadın. Bu trenler 1950'lerin eski vagonları...

Pencereden dışarıya bakar. Defterine notlar da alır. Notlarından:

Görüntüler:

Mezarlık, Cimitero Principale, Via Catorio

(Caupo III Est, fossa No:100)

Mezarlıktaydı. Kabrini ziyaret etti.

Mezarlığın kilometrelerce uzayan duvarları...

Katolik mezarları, çok renkli, duvarların dibinde...

Kamera mezarlık duvarlarını trenin gidişindeki gibi gösterir...

Dış ses: Kadın: Benim en büyük mutluluğum herşeyden kaçmak. Herşeyden. Tüm çocuklardan. Tüm acılardan. Tüm sevgilerden. Tüm orgazmlardan. Tüm gecelerden. Tüm günlerden. Her hilal aydan, her ülkeden. Her sınırdan.

Kamera mezarlığın duvarlarını tarar.

Dış ses: Kadın: Her dünyadan, her öteki dünyadan, her yaşamdan. Ben her gece ölüyorum. Her sabah yeniden canlanıyorum. Her yirmidört saatlik zaman dilimi hem ölüm hem yaşam aynı zamanda. En sonunda benim Ben'im ve benim Ben'im "Ben" olacaklar.

Tren gider...

S. Stefano Belbo istasyonu

Bir köşede ufak bir oğlan güneş şemsiyesi ile duruyor. Yanında iki koyun var. Trenden birkaç kişi daha iniyor. Ufak bir otobüs gardan Belbo'ya gidiyor.

S. Stefano Belbo. Alan.

Locanda dell'Angelo

Kadın kahvenin önündeki bir sallanan sandalyede sallanıyor. Kahvede birçok genç ve yaşlı erkek oturuyor. Çocuklar.... Hızlı, canlı bir İtalyan müziği çalıyor... Çok canlı bir atmosfer. Kadın da canlı... Bardaki adamlar ona bira yolluyor... Hiç çekinmeden bara gidiyor, herkesle sohbet ediyor. Burada duvarda asılı olan Pavese'nin resmine bakıyor... Burada herkes Pavese'yi tanıyor. Herkes onunla akraba olduğunu söylüyor...

Biri: Nuto hayatta hâlâ...!

Kadın: Onu nerede bulabilirim?

Aynı adam: Ben seni motosikletimle götüreyim ona...

Motosiklet Canelli'ye gider...

Kamera motorsikleti yalnız arkadan izler...

Nuto'nun atölyesine...

Ertesi sabah...

Nuto'nun atölyesi. Nuto ağacın gölgesinde oturmuş gazete okumaktadır. Beyaz köpeği ayak ucunda yatar. Sessizlik. Ama kara yolundan birçok araba ve motorsiklet geçer. Yol atölyenin ön kısmındadır. Kamera Nuto'dan ağaca yükselir... Yeşilliğe... Beton çatıda kadın yatmaktadır... yazıyor.

Kamera Belbo'nun tepelerini ve bağlarını çepeçevre tarar...

Flash back

Kamera kadının 6 yaşındayken yaşadığı çevrenin tepelerini gösterir (Şimdi hiçbir şey duyulmaz. Yolun gürültüsü kesilmiştir...) Bir avlu görüyoruz... tıpkı S. Stefano Belbo'daki mandra avlularına benzeyen bir avlu. Avluda büyük, tersine döndürülmüş bir üzüm sepeti var, hareket ediyor... Ağabey sepete yaklaşıyor. İki çocuğun oynadığı görülüyor. Ağabey sepeti kaldırıyor... İki çocuk utanıyor...

Ağabey: Gene doktorculuk mu oynuyorsunuz?

Çoçuk (6 yaşındaki kadın) koşarak kaçıyor...

Mutfağa. Mutfağın kapısı doğrudan doğruya bahçeye açılıyor. Mutfağa girdiği anda gördüğü şey karşısında dehşete kapılıyor. Büyükanne mutfak tezgahının önünde durmuş. Karnını açmış. Büyük bir bıçağı karnına, tam midesine tutmuş kıpırdamadan duruyor.

Çocuk: Ne yapıyorsun?

Büyükanne: Kendimi öldürmek istiyorum.

Çocuk: İnsan kendisini hiç kıpırdamadan öldürebilir mi?

Nuto'nun atölyesinin önünden geçen arabaların sesini duyuyoruz gene.

S. Stefano Belbo. Gece. Geç vakit.

Kadın kaldığı Casa di Rosa'ya doğru gider. Yolda yürürken gece yola vuran gölgesini izler.

Odada. Kepenkler yarı kapalı.

Ağustos böceklerinin sesi duyulur... Bunun dışında sessizlik. Yatar. Karanlık. Bir hayvan bağırır...

Işığı açar. Uyuyamaz. Yazmayı sürdürmeye başlar. Kısa aralıklarla bir hayvan bağırır... durmadan yeniden.

Biraz sonra koridorda da ışık açılır.

Yaşlı, çok sıska bir İtalyan kadını olan evin sahibi Rosa odaya giriyor.

Rosa: Neden uyumuyorsun?

Kadın: Çalışıyorum...

Rosa: Yemek nerede yedin?

Kadın: Artık yemek yemiyorum... (gülümser)

Rosa onun yatağına yaklaşır. Ayakkabılarını dener...

Kadın: Bu ayakkabıları alabilirsin...

Kadın Rosa'nın el yapımı, açık beyaz geceliğine bakar...

Rosa: Bunlar gene moda...

Kadın duyduğu hayvanın sesini çıkartır.

Kadın: Bu ne hayvanı?

Rosa: Povone..

Gök gürülder. Şimşek çakar... Bir yaz yağmuru bastırır... Rosa hemen tesbihlerden birini eline alır, bunlar her tarafta asılıdır.

Rosa (bağırır): Madonna gene su verdi... Madonna... Anlıyor musun?

Kadın: Evet. Jesus Christi!

S. Stefano Belbo. Alan. Sabah.

Kadın kahvede oturur. Onun alana gelişi hep bir olaya dönüşür, çocuklar ve erkekler sevinirler. Ama kadınlar ona uzaktan bakarlar ve kendi aralarında konuşurlar. bu köy yabancıların kaldığı bir köy değildir. Bu köyde erkekler ve kadınlar ayrı ayrı daha... Köyün birkaç delikanlısı motorsikletleriyle kadının önünde dururlar, onunla sohbet ederler, şakalar yaparlar... Kadın ciddidir, ama bu şakalara katılır...

Günlerden cumartesi, köy bir bayrama hazırlanıyor... Kadın da davet edilir. Köy meydanında bir minibüs durur. Genç otel sekreteri iner minibüsten.

Kadın: Orazio!

Orazio ona yaklaşır.

Kadın: Seni Belbo'ya hangi rüzgârlar attı.

Orazio: Senin burada bulmak istediklerin.

Kadın: Burada kalacak yer bulmak çok zor.

Garsonu çağırır.

Kadın, garsona: Ziyaretçim var. O da Rosa'da kalabilir mi?

Garson güler.

Garson: Ama evli değilsiniz.

Karşıdaki tepeyi gösterir.

Garson: O şu tepede kalacak, sen ötekinde...

Kadın ve Orazio birlikte yaya olarak Canelli'ye giderler.

Çevre daha sessizdir. Daha az trafik var. Belbo mezarlığı önünde

Orazio kadını öper.

Kadın: Neden peşimden geldin? Hangi an seni bana getirdi.

Orazio: 305 numaralı odada durduğumuz an.

Kadın: Hangi 305? Öndekinde mi yoksa tabut olanda mı?

Orazio: Pavese'nin kendini öldürdüğü yerde. Bu tahta yatağa baktığın sırada o kadar olağandışıydın ki, hemen sana koşup gelmek istedim...

Yolda Pavese'nin doğduğu evin önünden geçerler.

Nuto'nun atölyesi...

Nuto gene gazete okumaktadır. Beyaz köpeği artık havlamaz kadını gördüğünde...

Kadın: Nuto, ziyaretçim geldi...

Kadın ve Orazio Nuto'nun atölyesine girerler... Burada aşağı yukarı yüz yıldır herşey saklanmıştır... Kemanlar, violonseller, Nuto'nun ürettiği tüm diğer şeyler sıra sıra dururlar. Pavese'nin resimleri, kitaplar... Ara sıra Nuto da içeriye girer. Bir sinek öldürür. Sonra gene dışarıya çıkar... Bir filozof gibidir. Alçakgönüllü. Akıllı. Sakin. (83 yaşında). Ama yaşlanmamış.

Kadın sonradan Nuto'nun ağacın gölgesinde okuduğu gazeteye bir göz atar. Baş sayfada (büyük bir haber değil), ama kaza geçirmiş bir arabanın resmini görür... Donup kalarak haberi okur, nefes bile almadan. Kaza geçiren araba Rainer'in arabasıdır.

Kadın: Orazio, gel bağlara gidelim...

Orazio ve kadın Nuto'nun atölyesinin arkasında yükselen tepelere tırmanırlar. Şimdi hava sıcaktır. Güneş açmıştır. Gittikçe daha yukarılara tırmanırlar. Çevrelerine bakarlar. Kadın Orazio ile sevişmek için korunmalı bir yer arar.

Kadın ve Orazio bağın içinde yatarlar. Güneş çok yükselmiştir. Terlerler. Onun orgazmından sonra kadın güneşe bakar ve kendi kendini tatmin eder. Güneşi görürüz. Yüzünü görürüz kadının...

Kadın: Ben ilk miyim?

Orazio: İlki Kalabriya'da bir bakireydi. Yeterince iyi değildim senin için, değil mi?

Kadın: Sevebildiğin sürece, herkesi sevebilirsin.

Nuto'nun gölgeliğinde Nuto, kadın ve Orazio otururlar. Beyaz köpek gene Nuto'nun ayak ucunda. Akşam vaktidir.

Nuto: Otel Roma'da mı tanıştınız?

Kadın: Evet. Birbirimizi seviyoruz.

Nuto: Bu yeni bir şey. Biz akıl almaz zamanların akılalmaz kişileriyiz.

Nuto klarnet çalar... Yoldan iki cenaze alayı geçer. İkisi de bol çiçekle bezenmiştir. Ardından birçok otomobil...

Nuto klarnet çalar...

Köpeği görürüz... Çevreyi... Ve kadının ağladığını duyarız...

Ağlıyor, içindeki herşeyi ağlayarak dışarı vuruyor, bir kelime bile söylemeden. Nuto onun ağlamasından tedirgin olmuyor. Orazio da sakin oturuyor. Üçünü de görüyoruz, Nuto'nun çaldıklarını dinliyoruz, kadının ağlamasını duyuyoruz...

Nuto: Neden ağlıyorsun?

Kadın: Yaşamı yoğunlaştıran ölümün kendisi değil mi?

Cut

(Kesme)

Tren düdük öttürür ve hızla yol alır... düdük öttürür ve hızla yol alır... Kadın pencere kenarında yalnız oturmaktadır...

Tren düdük çalar ve hızla yol alır...

Peter Ackroyd
Londra Yanıyor
Alphan Akgül
Güneş Yalnız Dirileri Isıtır - Oktay Rifat'ın Şiirleri Üzerine
Semra Aktunç
Yalos
Ölmek İçin Güzel Bir Gün
Filiz Ali
Yok Bi'şey Acımadı Ki...
Müzik ve Müziğimizin Sorunları
Şavkar Altınel
Tetikçiyi Beklerken - Seçme Yazılar
Louis Aragon
Paris Köylüsü
Kate Atkinson
Geç Kapıdan Körebe
Marc Augé
Yaşsız Zaman-Kendi Etnolojini Yapmak
Bakkhylides
Bütün Şiirleri ve Fragmanları
Giorgio Bassani
Balıkçıl
Bart Beaty
Sanat Karşısında Çizgi Roman
Cem Behar
Kan Dolaşımı, Ameliyat ve Musikı Makamları - Kantemiroğlu (1673-1723) ve Edvar'ının Sıradışı Müzikal Serüveni
Vüs'at O. Bener
Canım Tavşancığım: Ayşe Bener'e Mektuplar
Derya Bengi
50'li Yıllarda Türkiye: Sazlı Cazlı Sözlük
Şimdiki Zaman Beledir
Niyazi Berkes
Felsefe ve Toplumbilim Yazıları
Thomas Bernhard
Ucuzayiyenler
Wolfgang Borchert
Ama Fareler Uyurlar Geceleyin
Ian Buchanan
Jameson Jameson'ı Anlatıyor - Kültürel Marksizim Üzerine Söyleşiler
Louis-Jean Calvet
Roland Barthes 1915-1980
Italo Calvino
Seçme Mektuplar (1945-1985)
Amerika'da Bir İyimser 1959-1960
Edip Cansever
Yerçekimli Karanfil
Louis Ferdinand Céline
Taksitle Ölüm
Peter Finn-Petra Couvée
Jivago Vakası - Kremlin, CIA ve Yasak Bir Kitabın Etrafından Dönen Savaş
Cevat Çapan
Son Duraktan Bir Önce
Burçak Çerezcioğlu
Mavi Saçlı Kız 20 Yaşında
C. Cengiz Çevik
Cicero'nun Devlet'i De Re Publica Yazıları

Fazıl Hüsnü Dağlarca
Üç Okumalı Dizeler - Göründüğüm
Haydi 2 - Kaçaklar 2
Yaşamamalarda - Kaçaklar 3
Selçuk Demirel
Yazarların Yüzünden
Sen Surat Okumayı Bilir misin?
Yücel Demirel (haz.)
Atatürk - Belgeler, Elyazısıyla Notlar, Yazışmalar
Yeliz Özay Diniz
Evliya Çelebi'nin Acayip ve Garip Dünyası
Mehmet Can Doğan
Camekân
Nilüfer Erdem (haz.)
Narsisizm ve Yaratıcılık
Tuncer Erdem
Gece Gelen Öyküler
Ebubekir Eroğlu
Bentler
Mümtaz Fırat
Kaybolan İzler Güneydoğu'da Geleneksel Dövme ya da Dek ve Dak
Jean-Louis Fournier
Kuzeyli Annem
Janet Frame
Soframda Bir Melek
James G. Frazer
Altın Dal - Dinin ve Folklorün Kökleri
Antonio Fusco
Her Günün Derdi Kendine
Roger Martin du Gard
Thibault'lar I
Thibault'lar II
Thibault'lar III
Witold Gombrowicz
Günlük 1953-1958
Günlük 1959-1969
Levent Cantek-Levent Gönenç
Muhalefet Defteri: Türkiye'de Mizah Dergileri ve Karikatür
Hasan Gören
Zan
John Gray
Kuklanın Ruhu - İnsan Özgürlüğüne Kısa Bir Bakış
Edith Grossman
Çeviri Neden Önemlidir?
M. Melih Güneş
Suyun Şavkı: Leipzig Bir Aile ve Nâzım Hikmet
Hermann Hesse
Klein ve Wagner
Doğan Hızlan
Şiirin Coğrafyası
Jonathan Holt
Hain
Ekmeleddin İhsanoğlu
Osmanlı Bilim Mirası
Gül İrepoğlu
Lâle-Doğada, Tarihte, Sanatta
Christopher Isherwood
Gelip Geçerken

Onnik Jamgoçyan
Osmanlı İmparatorluğu'nda Sarraflık - Rumlar, Museviler, Frenkler, Ermeniler (1650-1850)
Kaan İren-Çiçek Karagöz-Özgün Kasar (haz.)
Persler - Anadolu'da Kudret ve Görkem
Yaşar Kemal
Yeşil Kertenkele
Gürsel Korat
Kalenderiye
Dalgın Dağlar Çizgili Sarı Defter - Gölgenin Canı
Tuğrul Kudatgobilik
Koç'ta Üç Nesil - Sanayi Barışına Adanmış Bir Hayat Hikâyesi
Ben Lerner
22:04
Amin Maalouf
Fransız Akademisi'ne Kabul Konuşması ve Jean-Christophe Rufin'in Yanıtı
Henry Maguire
Bizans Saray Kültürü 829-1204
Ian McEwan
Fındık Kabuğu
İlhan Mimaroğlu
New York Kapı Dışı Sanatı
Lâle Müldür
Kuzey Defterleri
Behçet Necatigil
Küçük Muharrir - Çocukluk ve Gençlik Yazıları
Mitologya
Küçük Mitologya Sözlüğü
Dorthe Nors
Karate Vuruşu
Maggie O'Farrell
Cehennem Sıcakları İçin Talimatlar
Ömer F. Oyal
Sürgün Ruhun Rüya Defteri
Emrah Öztürk
Anlatamıyorum
Limon Yağmuru
Ali Özuyar
Sessiz Dönem Türk Sinema Tarihi (1895-1922)
Boris Leonidoviç Pasternak
İnsanlar ve Haller
Michel Crubellier-Pierre Pellegrin
Aristoteles - Filozof ve Bilme Meselesi
Aleksandr Sergeyeviç Puşkin
Yüzbaşının Kızı
Maurus Reinkowski
Düzenin Şeyleri, Tanzimat'ın Kelimeleri
19. Yüzyıl Osmanlı Reform Politikasının Karşılaştırmalı Bir Araştırması
Stella Rimington
Açık Sır - MI5 Eski Genel Direktörü'nün Otobiyografisi
Philip Roth
Portnoy'un Feryadı
Oliver Sacks
Benim Periyodik Tablom
Howard M. Sachar
Avrupa'nın Katli -1918-1942 Siyasi Bir Tarih
Gulam Hüseyin Saedi
Bayel Ağıtçıları
Top
Nil Sakman
Süreyya
Sam Savage
Cam
Yorgo Seferis
Kapadokya Kaya Kililelerinde Üç Gün
Philippe Sollers
Roland Barthes'ın Dostluğu
Claude Levi-Strauss
Bakmak Dinlemek Okumak
Yaban Düşünce
Hüzünlü Dönenceler
Cemal Süreya
Yabancı Yayınlar - Türk Dili Dergisi 1968-1975
Magda Szabó
Iza'nın Şarkısı
Yavru Ceylan
Katalin Sokağı
Kapı
Barry Charles Tharaud
Çukurova - Yaşar Kemal Edebiyatının Temelleri
Haldun Taner
Berlin Mektupları - Viyana'nın Atlattığı Vartalar (Gezi Notları)
Günün Adamı - Dışardakiler
Hak Dostum Diye Başlayalım Söze
Haldun Taner'in Timsahı / Selçuk Erez-Demet Taner
Haldun Taner'le Yaşamak - 100. Doğum Yılında Haldun Taner / Kerem Karaboğa (haz.)
Bedirhan Toprak
"Gnossiennes" Uykuyla Uyku Arasında
Alain Touraine
Krizden Sonra
Michel Tournier
Düşüncelerin Aynası
Turgut Uyar
Veys
Bir Şiirden
Dünyanın En Güzel Arabistanı
Richard Yates
Sessiz Sahil
Bağımsızlık Yolu
Erdal Yıldırım
Az Mı Gittik, Uz Mu Gittik? Yeni Vakıfların 50 Yıllık Hikâyesi

XXI. YÜZYIL KİTAPLARI
Deniz Bağrıaçık
Sorsana Bizi Sevmiş mi?
Jonathan M. Metzl - Anna Kirkland (haz.)
Yeni Bir Erdeme Dönüşen Sağlığa Karşı

Yaşar Kemal

Fırat Suyu Kan Akıyor Baksana – Bir Ada Hikayesi 1
Karıncanın Su İçtiği – Bir Ada Hikayesi 2
Tanyeri Horozları – Bir Ada Hikayesi 3
Çıplak Deniz Çıplak Ada – Bir Ada Hikayesi 4
İnce Memed 1
İnce Memed 2
İnce Memed 3
İnce Memed 4
Ortadirek – Dağın Öte Yüzü 1
Yer Demir Gök Bakır – Dağın Öte Yüzü 2
Ölmez Otu – Dağın Öte Yüzü 3
Demirciler Çarşısı Cinayeti – Akçasazın Ağaları 1
Yusufçuk Yusuf – Akçasazın Ağaları 2
Yağmurcuk Kuşu – Kimsecik 1
Kale Kapısı – Kimsecik 2
Kanın Sesi – Kimsecik 3
Teneke
Binboğalar Efsanesi
Ağrıdağı Efsanesi
Hüyükteki Nar Ağacı
Yılanı Öldürseler
Deniz Küstü
Al Gözüm Seyreylc Salih
Kuşlar da Gitti
Filler Sultanı ile Kırmızı Sakallı Topal Karınca
Sarı Sıcak
Üç Anadolu Efsanesi
Çakırcalı Efe
Nuhun Gemisi – Bu Diyar Baştanbaşa 1
Yanan Ormanlarda Elli Gün – Bu Diyar Baştanbaşa 2
Peri Bacaları – Bu Diyar Baştanbaşa 3
Bir Bulut Kaynıyor – Bu Diyar Baştanbaşa 4
Allahın Askerleri
Baldaki Tuz
Ağacın Çürüğü
Ustadır Arı
Zulmün Artsın
Ağıtlar
Gökyüzü Mavi Kaldı (S. Eyuboğlu ile)
Yaşar Kemal Kendini Anlatıyor – Alain Bosquet ile Görüşmeler
Binbir Çiçekli Bahçe
Bugünlerde Bahar İndi
Tek Kanatlı Kuş
Çocuklar İnsandır
Dağın Öte Yüzü - Ortadirek/Yer Demir Gök Bakır/Ölmez Otu
Yağmurla Gelen
Kalemler
Beyaz Pantolon
Yeşil Kertenkele

YAPI KREDİ YAYINLARI

Binbir Gece Masalları (iki cilt)
Nutuk - Gazi Mustafa Kemal Tarafından (1927)

Sabahattin Ali
Bütün Romanları
Öyküler, Şiirler ve Oyun
Bütün Eserleri

İlhan Berk
Toplu Şiirler

Fazıl Hüsnü Dağlarca
Bütün Şiirleri 1
Bütün Şiirleri 2
Bütün Şiirleri 3

Füruzan
Toplu Öyküler
Toplu Öyküler - Toplu Romanlar

Nâzım Hikmet
Toplu Şiirler

Seyit Ali Kahraman (haz.)
Günümüz Türkçesiyle Evliyâ Çelebi Seyahatnâmesi

Behçet Necatigil
Bütün Eserleri

Marcel Proust
Kayıp Zamanın İzinde (iki cilt)

Ömer Seyfettin
Bütün Hikâyeleri

Mîna Urgan
İngiliz Edebiyatı Tarihi

Tomris Uyar
Bütün Öyküleri
Bütün Yazıları

Nermi Uygur
Bütün Eserleri - I
Bütün Eserleri - II

YAPI KREDİ YAYINLARI / DELTA